환경 슈퍼히어로 태오 ②

SAUVONS LES POULES by Anne-Marie Desplat-Duc & Mathilde George
©2020 Scrineo
73 boulevard de Sébastopol 75002 Paris

Translation Copyright © 2023 Book's Hill Publishers Co., Ltd.
This Edition was published by arrangement with Sarah Daumerie and Icarias Agency.
All rights reserved.

이 책의 한국어판 저작권은 Sarah Daumerie와 Icarias Agency를 통해 SCRINEO와 독점
계약한 도서출판 북스힐에 있습니다.
저작권법에 의하여 한국 내에서 보호를 받는 저작물이므로 무단전재와 복제를 금합니다.

환경 슈퍼히어로 태오

암탉들을 구하라!

글 안 마리 데스플라 뒥 | 그림 마틸드 조르주 | 이수진 옮김

 북스힐

암탉들을 구하라!

의욕에 불타는 우리 학교	7
기이한 생물체	13
암탉들을 구하자!	23
암탉 키울 사람?	31
급식실	35
모두에게 암탉을!	43
사방에 닭장들이!	51
다시 급식실	61
태오의 친구들	69
급식위원회	75
시청으로!	81
급식 만세!	87
직접 해보기	93

의욕에 불타는 우리 학교

우리 가족, 그러니까 부모님, 형 루이, 여동생 시도, 그리고 내가 파리를 떠나 브르타뉴 지방에 있는 마을로 이사를 온 뒤부터 **내 인생은 달라졌다**. 나는 **정원**을 가진다는 행복을 알게 되었고, 무엇보다도 내 뺨에 **무당벌레** 무늬 반점이 왜 생겼는지도 마침내 깨닫게 되었다. 그건 바로 내가 **환경을 지키는 슈퍼히어로**라는 표식이었다! 이 반점 덕분에 나는 몸 크기를 **아주 작게** 만들어 동물들과 대화를 할 수 있게 되었다.

우리 집 정원에 살고 있는 곤충들, 그리고 내 친구 마엘과 함께 겪었던 **놀라운 모험** 이후, 우리는 학교의 모든 반들을 돌아다니며 **살충제의 위험***에 대해 알리는 발표를 했다.

잘 알지 못하는 친구들과 선생님 앞에서 발표를 한다는 사실에 조금 **긴장되기도 했지만**, 우리가 맡은 임무는 뿌듯함을 안겨주었다.

몇몇 아이들은 우리가 하는 말에 전혀 귀를 기울이지도 않았고, 심지어는 비웃기까지 했지만, 대부분은 **관심을 가지고** 우리가 하는 발표를 경청해 주었고, 발표가 끝난 뒤에는 질문을 하기도 했다. 마엘과 나는 최선을 다해 질문에 답변을 해주려고 노력했다. 하지만 몇몇 친구들의 찡그린 표정을 보고 나니, 모든 사람이 우리와 같은 생각을 가지고 있지 않으며, 어떤 사람은 **곤충들이 멸종한다고 해도** 전혀 개의치 않는다는 사실을 알게 되었다.

짜증도 났지만 한편으로는 슬프기도 했다. 지구의 안녕을 위해 **당장** 행동에 나서야 한다고 모두를 설득하는 건 하루아침에 이루어질 수 있는 일이 아니라는 건 잘 알고 있었다.

실망한 티를 내고 싶지 않았던 나는 이렇게 말하며 발표를 마쳤다.

"우리가 **모두** 행동에 나선다면 변화를 이끌어 낼 수 있을 거예요."

---

* 《환경 슈퍼히어로 태오 1권: 곤충들을 구하라》 참고.

솔직히 말하자면, 쉬는 시간 운동장에서 모두가 나를 **영웅** 취급해 줄 거라 생각했다…. 이를테면 제임스 본드나 타잔 같은 영웅 말이다. 하지만 실제로 그런 일은 일어나지 않았다.

발표가 끝난 뒤, 학교는 크게 둘로 나뉘었다. 한쪽은 '환경을 지키는 슈퍼히어로' 클럽에 곧장 가입하길 원하는 아이들, 다른 한쪽은 그런 우리를 **괴짜** 취급하며 공개적으로 조롱하는 아이들로 말이다.

아이들의 놀림에 마엘이 느낀 **실망감과 상처**는 내가 느낀 것보다 더 컸다.

"우리가 이걸 계속할 가치가 있다고 생각해?" 집으로 돌아가는 길에 마엘이 **걱정스럽게** 물었다.

"**당연하지!** 가만히 있을 수만은 없어. 곤충들과 새들이 우리만 믿고 있잖아."

"맞아. 만약 우리 둘뿐이었다면 승산 없는 싸움이었을 거야!"

"**우린 혼자가 아니야!** 많은 친구들이 **살충제**를 모아

서 선생님에게 가져왔잖아. 다른 반 친구들도 곧 그럴 거라고 확신해."

"그래봤자 우리 초등학교일 뿐인데, 크게 달라지는 게 없지 않을까?"

"이건 시작에 불과해…. 우리가 낸 아이디어로 다른 초등학교, 그리고 중학교도 동참할 수도 있어. 그럼 온 마을이 우리와 함께할 수도 있는 일이지!"

"그렇게 된다면 너무 좋겠다! 꼭 로마 침략군에 저항하는 아스테릭스* 마을 같아…. 우리는 살충제를 거부하는 브르타뉴 마을인 셈이지." 마엘이 상상의 나래를 펼치며 말했다.

"그 말을 들으니까 아이디어가 떠올랐어! 마을 공동 부지의 토양에 살충제나 화학 비료를 뿌리는 것 대신에, 길가에 꽃을 심어서 곤충들의 살 곳을 마련해 주고 꿀벌들의 먹이를 제공하게 해달라고 시장님께 말씀드리는 거야!"

"우리가 어떻게 시장님을 만나? 우리는 그냥 어린아이일 뿐이잖아!" 마엘이 말했다.

나는 잠시 의기소침해졌지만, 다시 굳건한 목소리로 대답했다.
"시장님께 만나달라고 부탁하려면 환경 슈퍼히어로 클럽의 대표

---

* 로마군과 싸우는 켈트족 전사들의 이야기로 프랑스의 만화 시리즈(옮긴이 주).

단이 있어야 해. 우리의 수가 많으면 많을수록 우리의 힘도 **더욱 커질 거야.**"

"맞는 말이야."

마엘은 우리 집 대문 앞에서 인사를 한 뒤, 자신의 집으로 걸어갔다.

"내일 보자 태오야!"

내가 정원 안으로 들어오자, **구름 떼처럼 모인 곤충들**이 나를 반겼다. 몇 주 전이었다면 두 팔을 휘둘러 쫓아버렸겠지만, 지금은 곤충들이 나와 대화를 나누길 원한다는 사실을 안다.

무당벌레 한 마리가 내 뺨 위에 앉았다. 그러자 **푸슉!** 약간 어지러웠지만 정신을 차려보니, 나는 데이지꽃 덤불 한가운데에 앉아 있었다. 꿀벌, 메뚜기, 뒤영벌, 날파리, 민달팽이, 달팽이, 그리고 잠자리와 돈벌레가 내 주위를 에워쌌다.

바로 옆의 사과나무 가지 위에는 머리 위로 깃털이 삐죽 솟은 내 친구 **울새**와 멧비둘기 한 쌍, 멧새와 칼새 두 마리가 앉아 있었다. 곤충들과 새들이 **울고, 윙윙거리고, 깡충깡충 뛰고, 짹짹 하고, 꼬꼬댁거리고, 구구 우는 소리**가 한데 모여 엄청난 **소란**을 일으켰다.

"아이고! **조용히 해!** 동시에 말하지 마!"

울새가 날개를 펼쳐서 그곳에 모인 곤충과 동물 들을 진정시켰다. 그리고 말했다.

"우리는 네가 **자랑스러워**, 태오야! 우리가 착각한 게 아니었어. 너는 다른 인간들을 좋은 길로 인도할 인간이야!"

"뭐, **쉽지** 않을 거야!"

"쉬울 거라고 말한 적은 없어!" 메뚜기가 따닥따닥 소리를 내며 말했다.

"너와 너희 반 친구들 덕분에 적어도 우리에게는 **희망**이 생겼어." 꿀벌이 말했다.

"절대 우리를 버리지 마." 잠자리가 중얼거렸다.

"알겠어. **최선을 다할게.**"

기이한 생물체

바로 그때, 주변이 조용해졌다. **불안하고** 놀라운 적막이었다. 내가 불안함을 느끼며 말했다.

"**거대 괴물 토산몬***이 돌아온 거야?"

"아냐." 메뚜기가 대답했다. "토산몬이 아니야…, 우리의 또 다른 **천적** 중 하나지."

"정말 **두렵고 강력한** 존재야." 무당벌레가 말했다.

"다들 움직이지 마!" 날파리가 외쳤다.

---

* 《환경 슈퍼히어로 태오 1권: 곤충들을 구하라》 참고.

"나는 할 수 있는 한 땅속 깊숙이 파고 들어가야겠어. **날카로운** 발톱과 **거대한** 발바닥을 가지고 있어서 우리를 모조리 낚아챌 거야." 얼굴이 빨간 **작은** 지렁이가 내게 설명했다.

"그럼 우리는 개미굴에 몸을 숨겨야겠다." 개미들이 달아나며 말했다.

곤충들의 태도에 놀란 내가 퉁명스럽게 물었다.

"너희, 날 버리는 거야?"

"넌 아무 걱정 없어. 지금의 너처럼 **쪼그라진** 인간은 안 잡아먹거든. 하지만 우리는 아주 좋아하지." 달팽이가 껍질 깊숙이 몸을 숨기며 불평했다.

"그래서 그 정체가 뭔데?"

아무도 내 질문에 대답해 주지 않았다. 친구들은 모두 자리를 떠난 뒤였다.

불안감이 엄습해 왔다. 지금의 내 몸 크기는 겨우 풍뎅이와 비슷한 정도였다. 곤충들이 입을 모아 설명한 **괴물**을 떠올려보자 등 뒤로 식은땀이 흘렀다.

바로 그때, 산딸기 덤불이 이리저리 흔들렸다. 나는 그 자리에서 얼어붙었다. 숨도 쉴 수 없었다. 그리고 괴물이 불쑥 모습을 드러냈다. 괴물의 정체는 바로 **빨간 암탉**이었다!

　　암탉은 주위를 살피며 **조심스럽게** 걸어왔다. 한 발 한 발 내디딜 때마다 목이 앞으로 나왔다. 등에는 깃털이 뽑혀 있었고, 날개 한쪽은 축 늘어뜨려져 있었다. 선골부*는 지저분했고, 볏**은 꼿꼿하게 서 있지 않고 시들시들했다.

　　다시 말해, 암탉의 **건강은 좋지 않아 보였다.**

　　놀랐던 마음을 다스린 나는 말했다.

　　"너 어디 아프니?"

　　깜짝 놀란 암탉은 한 발을 공중에 들어올린 채로 굳어버렸다. 그리고 고개를 축 늘어뜨리며 **작고** 동그란 눈으로 나를 흘

---

* 가금류나 조류에서 꼬리 깃털이 나는 몸체 뒷부분 끄트머리.
** 닭이나 새의 이마 위에 세로로 붙은 톱니처럼 생긴 살 조각.

굿 쳐다보았다.

암탉이 나를 먹을 수 있는지 없는지 가늠해 보는 건 아닐까 하는 걱정이 불쑥 들었다. 그래서 나는 내 정체를 정확히 밝혀야겠다고 생각했다.

"나는 몸집이 **작아진** 인간이야…. 그러니 맛이 없을 거야."

"인간?" 암탉은 근처에 다른 인간들이 있는지 보기 위해 **공포에 질린** 눈으로 사방을 돌아보았다.

"나는 널 **해치지 않아**…. 봐, 내가 이렇게 작은데, 네가 나를 **죽인다면** 또 모를까."

암탉은 내게 가까이 다가왔다. 고작 몇 센티미터 떨어진 곳에 있는 발톱 달린 **커다란** 발과 **강력한** 부리가 언제라도 내 몸에 닿을 것 같았다. 나는 뒷걸음을 치며 암탉의 환심을 사기 위해 계속해서 말을 걸었다.

"인간들이 너에게 친절하지 않았구나?"

그러자 암탉은 별안간, 마치 오랫동안 붙잡혀 있다가 슬픔과 고통, 분노를 한꺼번에 쏟아내기라도 하는 듯, **닭똥 같은 눈물**을 흘렸다. 내가 말했다.

"말해 봐. 그럼 좀 괜찮아질 거야."

"나는… 나는 **감옥에서** 막 탈출한 길이야…." 암탉이 말했다.

그 말에 나는 잠시 굳었다. 나는 이런 식의 **고백**은 예상하지 못했다. 조금은 불안한 마음으로 내가 더듬거리며 말했다.

"감옥에 들어갈 만한 일이라면…, 음… 혹시 남의 물건을 **훔쳤어**? 음… 아니면 누군가를 **죽였다거나**?"

이런 질문을 하다니. 나조차도 내가 **우스꽝스럽게** 여겨졌다. 감옥에 간 암탉이라니? 세상에 그런 게 어디 있다고. 게다가 암탉이 무엇을 훔칠 수 있단 말인가? 아무리 훔쳐봤자 옥수수 한 알 정도? 애벌레 살해도 범죄로 친다면 또 모르는 일이지만…. 우리가 지금 디즈니 애니메이션 세상 속에 있는 것도 아니고 말이다!

"전혀 아니야! 나는 **결백해**." 암탉이 온몸의 깃털을 부들부들 떨며 외쳤다.

황당한 것은 내가 너무나도 자연스럽게 이렇게 대답했다는 사실이었다.

"그럼 감옥에서 널 빼내줄 만한 좋은 변호사를 구해야겠네!"

"변호사?" 암탉이 놀란 표정으로 물었다. "그게 뭐야? 먹는 거야?"

그제야 정신을 차린 내가 말했다.

"음… 신경 쓰지 마. 잠시 네가 사람인 줄 알았어."

"나는 **평생토록** 우리에 **갇혀서** 알을 **강제로** 낳아야 하는 암탉일 뿐이야. **지옥 같아**!"

알을 낳는 것은 암탉의 근본적인 활동인데 그게 어떻게 지옥 같게 느껴질 수 있는지 나는 이해하기가 어려웠다. 우리 동네에도 자기 집 닭장에서 **암탉 네 마리**를 기르는 이웃이 있다. 암탉들은 꼬꼬댁거리면서 땅을 **파고**, 내 여동생 시도가 던져준 빵 쪼가리를 **쪼아 먹고**, 밀짚 위에서 잠을 잤다. 내가 본 그들은 완전히 **행복한** 모습이었다. 내가 암탉의 말을 제대로 이해하지 못했다는 게 드러난 건지, 암탉은 버럭 짜증을 냈다.

"**케이지 속에 갇혀서** 지내는 우리 암탉들이 수천 마리나 돼! 인공조명이 항상 켜져 있는 거대한 창고 속에 케이지들이 일렬로 줄지어 있지! 우리는 그곳에서 **절대** 밖으로 나가지 못해. 우리의 발은 케이지의 창살 때문에 이상하게 **비틀리고**, 푹신한 밀짚 같은 곳도 없어서 편하게 누을 수도 없어. 우리에게 주어지는 건, **가공된 사료**와 **한 방울씩** 떨어지는 물뿐이지. 그리고 우리는 매일 한 개의 알을 낳아야 해…. 만약 그러지 못한다면…."

암탉은 눈물을 터뜨리며 말을 이었다.

"그리고 태어난 지 18개월이 지나고부터는 우리가 낳는 알의 개수는 줄고 크기는 더 **커져**."

"알이 **크면** 반숙으로 먹기에 더 좋은데!

"좋지 않아! 황당한 이유지만, 대형 마트에서 판매하는 달걀의 포장 상자 규격에 들어맞지 않게 되거든. 그래서 우리는 언제나 비슷한 중량의 알을 낳아야 해. 다 양계업자와 대형 마트를 위해서지. 규격에 맞지 않는 알을 낳는 암탉들은 **도축장**으로 보내지게 돼."

"너무 끔찍해!"

"끔찍하지. 하지만 누가 암탉들의 불행에 관심을 가져주겠어? 응? 대체 누가 말이야."

"TV에서 암탉들이 야외에서 자유롭게 돌아다니게 하는 방목식 양계장을 소개하는 르포를 본 적이 있어. 또…"

"그래, 그런 곳도 있지. 그런 곳에 사는 친구들은 행복할 거야. 거기서는 사육자들이 걔들을 보살펴 주거든. 하지만 우리는 상황이 달라. 우리는 평생 **갇힌 채로** 살아야 해. 만약 우리가 **코알라**처럼 예쁘고, 작은 **원숭이**나 **고양이**, **강아지**처럼 귀엽기라도 했더라면 우리의 고통에 **신경을 써줄 인간들**도 있었을 거야…. 하지만 아무도 우리를 생각해 주지 않아! 우리도 다른 동물처럼 고통을 느끼고 심장과 뇌, 신경을 가진 동물이란 말이야." 암탉이 분노하며 말했다.

"맞는 말이야." 토끼풀 아래 몸을 숨기고 있던 여치가 한숨을 내쉬며 말했다.

"맞아." 돈벌레도 한 마디 거들었다. "우리도 고통을 느끼지만, 모두 아무런 관심이 없지. 우리 벌레들이 너무 **작아서** 고통도

느낄 줄 모른다고 생각하는 모양이야."

 풀 밑에 단단히 몸을 숨긴 채, 곤충들이 암탉과 내가 나누는 대화를 모두 듣고 있었다. 나는 **빨간 암탉**의 이목을 끌지 않기 위해 그들을 못 본 척했다. 암탉이 내 **자그마한** 친구들을 잡아먹기라도 하면 큰일이니까!

 "네 말이 맞아." 나는 곤충들의 소리가 묻히게끔 **목청을 높였다**. "우리 암탉들의 끔찍한 삶은 쉬쉬 되어 왔어. 그러던 중, 오늘 밤에 내게 **기회**가 온 거야. 케이지 문이 제대로 잠기지 않았다는 걸 알아차린 거지. 온 힘을 다해 밀었더니 문이 열렸어. 친구들 몇몇과 함께 거기서 탈출할 수 있었어."

"잘했네!"

"아! 걸을 수 있고, 뛸 수 있고, 달릴 수 있고, 바람이 불어와 깃털을 부풀리는 걸 느낄 수 있다는 게…, 그리고 오늘 아침에는 햇볕에 몸을 데우고, 풀잎을 쪼아 먹고, 날벌레를 잡아먹고, 나비와 꿀벌의 비행에 감탄하고, 작은 벌레를 찾아내기 위해 흙을 파는 일이 얼마나 **행복하던지!**"

암탉의 슬픈 이야기와 새로운 희망이 담긴 이야기를 들으며 나는 아무 말도 할 수 없었다. 암탉의 삶이 이토록 불행할 수 있으리라고는 생각하지도 못했다. 품 안에 꼭 껴안고 다독여 주고 싶을 정도였다…. 하지만 암탉은 지금의 나보다 몸집이 열 배는 더 **거대했다!**

"아직까지도 그 지옥 같은 곳에 갇혀 있을 **모두**를 생각하자니 마음이 괴로워!"

"암탉들을 **구해야겠어!** 그곳에서 그들을 꺼내서 **진짜** 닭장에서 신선한 공기를 잔뜩 마시며 살 수 있도록 해야겠어."

"너는 마음씨가 따뜻하구나? 하지만 너는 우리를 도와주기에는 너무 **작은걸?**"

"아냐, 전혀 그렇지 않아!"

바로 그때, 암탉의 몸에서 떨어져 나온 가느다란 깃털 하나가 내 코를 간지럽혔다….

"에엣취!"

암탉들을 구하자!

 재채기와 함께 나는 원래의 몸 크기로 돌아왔다.

빨간 암탉은 화들짝 놀라 펄쩍 뛰었다.

나는 몸을 낮춰서 암탉을 쓰다듬어 주었다. 그래도 전혀 안심이 되지 않는 모양인지, 암탉은 몸을 잔뜩 웅크린 채로 고개를 기울여 작고 동그란 두 눈으로 나를 관찰했다.

"나야, 태오." 내가 부드럽게 말했다. "방금 네가 나한테 네 슬픈 이야기를 들려줬잖아. 내가 널 도와줄게."

"꼬꼬, 꼬꼬, 꼬꼬?" 암탉이 꼬꼬댁거렸다.

"이런! 이제 말이 안 통하네."

나는 암탉을 품에 안아들었다. 암탉은 가만히 있었다. 내가 자신을 구해줄 거라는 사실을 이해한 것 같았다.

나는 부엌으로 갔다. **빨간 암탉**은 몸을 내게로 꼭 붙이고 있었다. 거실 탁자 위에서 학생들의 숙제를 첨삭해 주고 있던 엄마가 고개를 들더니 날카로운 **비명**을 질렀다.

히익!
암탉이잖아!

"당장 밖으로 내보내! 닭은 집 안에서 기르는 동물이 아니야! **여기저기** 온통 똥을 쌀 거야!"

"닭장에서 막 도망쳐 나왔대요…."

"그럼 얼른 주인에게 되돌려 줘!"

엄마의 비명 소리를 들은 시도가 한 손에 색연필을 든 채로 방에서 나왔다. 그리고 외쳤다.

"와, **닭이다!** 순한 애야?"

"응. 그런데 **아주 딱한 상황에 처해 있어.**"

"그건 또 무슨 소리니?" 엄마가 물었다.

"그러니까 빨강이는…."

"얘 이름이 **빨강이**야?" 시도가 놀란 표정으로 물었다.

"응."

갑자기 떠오른 생각이었다. 암탉에게 이름을 붙여주면 더 귀여워 보일 것 같았기 때문이다. 나는 계속해서 말했다.

"**빨강이**는 알을 낳는 암탉을 기르는 **닭장**에서 도망쳐 왔어요. 햇빛도 못 보고 케이지에 갇혀서 살아야 하는 닭들의 수가 수백 마리나 된대요. 태어난 지 18개월이 넘으면 낳는 알의 개수가 **줄어들고** 크기는 **커져서** 사람들이 **죽여버린대요.**"

"**끔찍해라!**" 시도가 빨강이를 쓰다듬으면서 울먹거렸다.

"며칠 전에 TV에서 **배터리 케이지***에서 사육되는 암탉들의 문제를 다룬 르포를 봤는데 정말 **끔찍하더구나!**" 엄마가 동조하며

---

* 창문이 없는 큰 창고 안에 배터리처럼 생긴 일정한 크기의 철창을 빽빽이 쌓아 산란계를 사육하는 공장식 사육 시스템을 말한다(옮긴이 주).

말했다.

"그러니까요!"

"우리가 뭘 하면 되겠니?" 엄마가 물었다.

"**암탉들을 해방**시키는 거요."

"주인들이 순순히 케이지 문을 열어줄까? 경찰을 불러서 네가 감옥이나 안 가면 다행일 텐데!"

나는 **빨강이**를 품에 안고 눈물을 꾹 참았다. 가엾은 암탉들의 사연을 알게 되었지만 할 수 있는 게 아무것도 없다니. **너무나도** 견디기 힘든 일이었다.

"최소한 얘는 우리가 기를 수 있잖아요!" 시도가 흥분해서 외쳤다.

엄마는 잠시 망설였다. 하지만 결국에는 허락하면서 이렇게 일러주었다.

"차고 안에 데려다 놓으럼. 내일 엄마가 널빤지 네 개로 닭장을 만들어 줄게."

"먹이로는 뭘 주면 돼요?" 시도가 물었다.

"암탉에게 먹이를 주는 건 어렵지 않단다! 사람이 먹다 남긴 거라면 뭐든지 먹거든. **자투리 채소, 남은 국수나 쌀, 그리고 썩은 과일까지**…. 하지만 감귤류는 싫어한단다. 어떤 도시에서는 시청에서 **생활 쓰레기를 줄이기 위해** 한 가정에 암탉 두 마리씩 보급하기도 했단다. 과도한 쓰레기는 환경에 악영향을 미치잖니. 거기다 매일 **신선한 달걀**이 나오는 건 말할 필요도 없지!" 엄마가 설명했다.

엄마의 말에 의욕이 샘솟았다.

"그거 정말 멋진 아이디어네요! 우리 마을도 그렇게 하면 안 돼요?"

엄마는 입술을 살짝 깨물었다. 내게 그런 정보를 알려준 것을 후회하는 듯, 말을 정정하려고 했다.

"우리 시장님은 암탉을 보급해 주지 않잖니!"

"양계장에서 **너무 나이가 많아서** 더는 **사육하지 않으려는** 암탉들을 데려오면 되잖아요. 그러면 암탉들을 **죽음으로부터** 구해낼 수도 있고, 좋은 달걀을 얻을 수도 있어요!"

"태오야. 이성적으로 생각해 보자. 엄마도 두세 마리 정도라면 얼마든지 구하고 싶단다. 하지만 그런 곳에는 **수백 마리**가 있다며, 그 많은 닭들을 다 어떡하니!"

"제가 학교에 가서 이 사실을 알릴게요. 만약 한 사람이 두 마리씩 거두겠다고 한다면, 음… 이십오 곱하기 이는 **오십**! 그리고 다른 반 친구들까지 동참한다면 우리는 백… 아니 **이백 마리**는 구할 수 있을 거예요!"

"양계장 주인을 찾아가서 가엾은 암탉들을 케이지 속에 가두고 알만 낳게 하는 건 잔인한 일이라고 말해야겠어." 시도가 **빨강**

이를 쓰다듬으며 말했다.

"맞아, 시도야! 우리 행동으로 옮기자!"

"그럼 나도 오빠처럼 환경을 지키는 슈퍼히어로가 되는 거야?" 시도가 물었다.

"당연하지! 너도 자격이 충분해."

시도는 내게 웃어 보였다. 우리는 빨강이를 차고로 데려갔다. 상자 안에 헌 옷을 쌓아올려 포근한 둥지를 만들어 주었다. 그리고 옆에는 물그릇을 놓아두었다. 나는 암탉에게 말했다.

"빨강아, 이제 푹 쉬도록 해. 네 친구들을 구하기 위해 내가 할 수 있는 일이라면 최대한 해볼 테니까. 약속해."

그날 저녁 식사 때 시도는 핑계를 대면서 버터 국수(시도가 가장 좋아하는 음식)를 남겼다. "별로 배가 안 고파."

그릇에 남은 소스를 빵으로 깨끗하게 닦아 먹고 있던 나는 손을 멈추었다. 음식을 전부 해치우려던 나 자신이 부끄러웠다. 나는 빵 조각을 옆에 내려두었고, 내 몫의 사과 껍질을 깎을 때에도 빨강이가 먹을 수 있도록 일부러 껍질에 과육을 많이 남겨두었다.

마지막 한 입을 마저 먹은 뒤, 우리는 남은 음식을 들고 차고로 달려갔다. 그리고 그것을 우리의 새로운 친구에게 주었다. 빨강이는 **작게** 꼬꼬댁거리며 우리를 기쁘게 맞이해 준 다음, 음식을 먹기 시작했다.

그렇게 **행복해하는** 모습을 보는 게 얼마나 **행복하던지!**

암탉 키울 사람?

다음날, 아침을 든든히 먹고 난 뒤에 나는 서둘러 차고로 향했다. 시도가 내 뒤를 졸졸 따라왔다. 차고 문을 열자마자 나는 외쳤다.

"안녕 **빨강아**, 잘 잤어?"

나무 더미 위에 올라가 있던 빨강이는 체력을 회복했다는 걸 보여주듯 날개를 푸드덕거리며 우리를 반겨주었다.

"어제보다 **얼굴이 좋아진 것 같아**. 그리고 어제 우리가 준 음식도 거의 다 먹었어." 시도가 말했다.

"아빠랑 엄마가 얼른 **작고** 좋은 집을 만들어줬으면 좋겠다. 저녁에는 차고 문을 열어줘서 정원에서 마음껏 뛰어놀게 해주자."

"오빠는 우리가 애 친구들을 **구해낼 수** 있을 거라고 생각해?" 시도가 걱정스러운 표정으로 물었다.

"그러려고 최선을 다할게!"

그러자 시도는 내 뺨에 뽀뽀를 날리고는 말했다.

"내 친구들이 오빠가 **환경 슈퍼히어로**라는 거 알고 있어. 오빠가 자랑스러워!"

나는 그 말에 감동했다. 시도가 내 이야기를 친구들에게 하는지 전혀 몰랐다. 동생을 실망시킬 수는 없었다!

"시도야!" 그때 엄마가 시도를 불렀다. "이러다 늦겠어!"

시도는 엄마에게 달려갔다. 엄마는 시도를 유치원에 데려다 주러 나갔다. 나는 대문 앞에서 마엘을 기다렸다. 함께 학교에 가기로 했기 때문이다. 마엘이 집 앞까지 왔을 때, 내가 인사를 건넸다.

"안녕! 나 암탉 한 마리의 목숨을 구했어!"

"**암탉?**" 마엘이 놀란 목소리로 물었다.

나는 마엘에게 있었던 일을 모두 털어놓았다.

"**공장식 양계장**에 대해서는 들어본 적이 있어. 거기선 암탉들이 죽을 때까지 우리 밖으로 못 나온대. 인간으로서 정말 **부끄러운 일** 이야!" 마엘이 분노하며 말했다.

"가엾은 닭들이 더 나은 삶을 살 수 있도록 하면서 음식물 낭비를 줄이는 건 우리 환경 슈퍼히어로들의 임무잖아!"

"내 말이!"

"선생님이 우리가 이 상황을 반 친구들에게 설명하는 것에 동의하실까?"

"그러길 바라."

"그래야만 해…, 수백 마리의 암탉들을 해방시키는 일은 쉬운 일이 아닐 테니까."

학교의 정문을 넘자마자 우리는 운동장을 살폈다. 그리고 다른 선생님들과 수다를 떨고 있는 카라벨 선생님에게로 곧장 향했다.

선생님 안녕하세요? 저희가 드릴 말씀이 있어요.

"지구를 **지킬** 새로운 아이디어라도 있는 거니?" 선생님이 웃으면서 말했다.

"네… 사실 저번과는 조금 다른 아이디어이긴 한데요…. 결국에는 동물들을 지키고자 하는 일이에요."

"말해보렴 태오야."

나는 이야기를 시작했다. 최대한 **자세히** 설명하려고 노력하면서 나는 다음과 같은 결론을 내렸다.

"만약 한 사람당 두세 마리 정도의 암탉을 입양할 수만 있다면 우리는 **백여 마리**를 구해낼 수 있어요. 여기에 다른 반까지 동참한다면 **자유**를 찾게 될 암탉들은 수백 마리가 될 거예요."

"아주 멋진 계획이구나 태오야. 하지만 그리 간단해 보이지는 않는구나."

"저도 알아요 선생님. 하지만 선생님이 시도해 보지도 않고 포기해선 안 된다고 하셨잖아요."

"맞아. 그럼 점심 먹고 나서 친구들에게 네가 이야기해 볼래?"

"감사합니다 선생님!"

급식실

나는 종종 학교 **급식실**에서 점심을 먹는다. 엄마가 중학교 프랑스어 교사라 점심때는 집에 안 계시기 때문이다. 그게 싫었던 적은 없었다. 친구들과 함께 밥을 먹을 수 있다는 건 **좋은** 일이다. 급식으로 나오는 음식은 언제나 맛이 별로지만, 친구들과 있으면 재미있으니까 말이다.

하지만 오늘은 웃을 기분이 들지 않았다. 머릿속은 온통 암탉 문제를 어떻게 해야 할지에 대한 **고민**으로 가득 차 있었다.

나는 마엘과 기욤 사이에 껴 있었고, 우리는 한 줄로 나란히 서서 앞으로 조금씩 이동했다. 식판 하나를 들고 다른 친구들처럼 그 위에 컵 하나, 숟가락과 포크, 냅킨과 빵 한 조각을 놓았다. 알림판에 적힌 메뉴를 슬쩍 확인한 내가 투덜거렸다.

"**에잇!** 풋강낭콩과 생선 튀김이네. 급식에 나오는 풋강낭콩은 정말 맛이 없어. 생선 튀김은 기름기가 너무 많아…."

"나는 으깬 감자와 베이컨 먹으려고." 마엘이 내게 말했다. "사실 시금치에서 통조림 맛이 나서 **어제도** 똑같은 걸 먹었어."

배식대 입구 앞에서 나는 **작은** 접시를 집어들고 동그랗게 썰어놓은 설익은 토마토 네 조각을 담았다. 마엘은 순무, 기욤은 레드비트를 골랐다. 기욤의 식판 위에는 빵이 다섯 조각이나 놓여 있었다.

배식 담당 아주머니는 기름이 뚝뚝 흐르는 생선 튀김 두 개와 그 위에 풋강낭콩 더미를 **잔뜩** 올린 접시를 내밀었다.

"**조금만** 덜어 주시면 안 돼요?" 내가 물었다.

"네 나이엔 많이 먹어야지!" 아주머니가 대답했다.

학교 급식 요리사인 막스 아저씨가 한 손에 국자를 쥔 채로 주방에서 나왔다. 막스 아저씨는 **좋은 분이다**. 종종 우리와 몇 분이고 수다를 떨곤 한다.

"왜, 음식이 마음에 안 드니?" 아저씨가 내게 물었다.

나는 아저씨에게 상처를 주고 싶지 않아서 **얼버무렸다**.

"뭐, 그건 아니고요…."

"너도 알겠지만, 우린 회계 직원이 마을의 모든 초등학교에 납품하기 위해 주문한 재료들을 사용해서 요리하고 있어. 그쪽에서는 **적은 양을 사면 비싸고, 많은 양을 살수록 싸다**고 생각하지…. **좋지 못한 재료**로는 맛있는 요리를 만들 수가 없어."

그렇게 말하는 막스 아저씨의 얼굴은 우리에게 미안해하는 것 같았다. 나는 아저씨를 안심시켰다.

"저도 이해해요."

"예산만 더 넉넉하다면… 너희들에게 양은 **적더라도** 더 맛있는 음식을 만들어줄 수 있을 텐데…."

배식 담당 아주머니가 매서운 눈으로 막스 아저씨를 흘겨보

았다. 아저씨와 이야기를 나누는 바람에 배식 속도가 느려져서, 기다리던 아이들이 소란을 피우기 시작했기 때문이었다.

"저는 으깬 감자와 베이컨요." 마엘이 말했다.

아주머니가 투덜거렸다. 이미 접시에 풋강낭콩을 담고 있었던 것이다. 아주머니는 새로운 접시를 꺼내서 으깬 감자를 **잔뜩** 퍼 담으면서 불평했다.

"요즘 애들은 죄 으깬 감자만 좋아해!"

마엘은 죄송하다는 듯, **머쓱한** 미소를 지어 보였다.

후식 코너 앞에서 기욤과 나는 과일 맛 요구르트를 골랐다. 마엘은 **돌멩이**처럼 **단단한** 키위를 담았다.

음식을 쏟지 않으려 노력하면서 우리는 우리가 항상 앉는 자리로 향했다. 그곳엔 말로, 니콜라, 카이유가 이미 앉아 있었다.

우리는 수다를 떨며 한바탕 즐겁게 웃었다…. 하지만 음식은 별로 먹지 않았다.

매일 이런 식이었다. 하지만 오늘은 그냥 넘어갈 수 없었다. 나는 마엘에게 물었다.

"배 안 고파?"

"고파. 하지만 순무가 너무 **시들시들**하고, 으깬 감자는 **아무런 맛이 안 나는** 데다가, 베이컨은 **고무줄처럼 질기고**, 키위는 **익지도 않았어**…."

"기욤 너는?"

"나는 레드비트가 **정말 싫어**. 하지만 달리 먹고 싶은 게 없었어. 배식 아주머니와 실랑이를 하지 않으려고 담은 거지."

"**퉤!**" 니콜라가 외쳤다. "풋강낭콩이 너무 딱딱하고 질겨. 생선은 먹을 수가 없을 정도야."

"그러니까, 매일 이래!" 카미유가 거들었다. "같은 요리를 엄마가 해주면 맛만 좋던데…. 학교 급식을 맛있게 먹은 적이 **단 한 번도 없어**. 그냥 빵이랑 요구르트나 먹을래."

"너 빵 **정말 많이** 담았다! 다 먹을 수 있어?"

"아니? 자유롭게 담아도 된대서 담은 건데…. 나 원래 네다섯 개씩 담아."

식사가 끝난 뒤에도 친구들의 접시는 음식들이 반 넘게 **차 있었다**. 주위를 둘러보았는데 다른 테이블의 사정도 똑같았다.

"그럼 이 음식들이 전부 **쓰레기통**으로 가게 되는 거야?" 내가 분노에 차서 말했다.

"예전부터 **항상** 그랬잖아!"

"그럼 그게 **당연하다**는 거야?"

"뭐, 그렇지!" 친구들이 거의 입을 모아 대답했다. "남은 음식

으로 새 요리를 만들 수도 없잖아? 남겨뒀다가 다음에 다시 배식할 수도 없고!" 기욤이 말했다.

"천만다행이다!" 니콜라가 키득대며 말했다.

모두가 웃음을 터뜨렸다. 솔직히 말해서 며칠 전이었더라면 나도 친구들과 함께 웃었을 것이다. 하지만 지금은 그럴 수 없었다. **환경을 지키는 슈퍼히어로**가 된 이후로 환경을 보존해야 하며, 그러기 위해서는 행동에 나서야 한다는 **작은** 목소리가 머릿속에서 맴돌고 있었다. 나는 말했다.

"이건 **낭비야**."

"그래. 네 말이 맞아." 마엘이 내 말에 동의했다.

"배식해 주는 아주머니가 접시에 음식을 **덜** 담아 달라는 우리의 요구를 들어주면 될 일이야." 기욤이 말했다. "그럼 버려지는 음식도 **줄어들** 테니까."

"애초에 음식이 **더욱 맛있었더라면** 우리도 **더 많이** 먹을 테고." 말로가 덧붙여 말했다.

"맞아!" 우리 테이블에 앉은 남자아이들이 모두 한목소리로 외쳤다.

"우리 집 닭장의 암탉들이라면 우리 접시에 남은 음식들을 전부 아주 맛있게 먹을 텐데." 니콜라가 말했다.

그 말을 기다렸다는 듯 내가 외쳤다.

"바로 그거야. 이 문제의 **해결책**! 우리가 남긴 음식이 쓰레기장에 쌓여서 지구를 오염시키지 않도록 하려면, 그걸 **동물들의 먹이**로 주면 되겠어! 닭, 오리, 아님 돼지도 괜찮지!"

"그게 가능한 일일까?" 갑자기 관심이 생긴 듯, 니콜라가 물었다.

"응. 내가 확실한 해결책을 가지고 있어! **이따가** 말해줄게!"

모두에게 암탉을!

쉬는 시간의 끝을 알리는 종소리가 **너무 일찍** 울렸다. 우리는 계속해서 이야기를 나누며 교실로 돌아왔다. 우리가 모두 자리에 앉자, 카라벨 선생님이 이야기를 시작했다.

"태오가 너희에게 **중요한** 할 말이 있다고 하는구나."

나는 자리에서 일어났다. 저번에 마엘과 내가 **살충제**의 위험성에 관한 발표를 한 뒤로, 친구들이 합심해 그 사실을 부모님과 이웃, 친구들에게 알리게 되었고, 그 일 이후로 나는 **자신감**을 얻었다.

"이번에는 몇몇 양계장에서 사육되는 암탉들의 **끔찍한** 삶에 대해 이야기하려고 해."

"암탉들?" 롤랑이 내 말을 비웃었다. 그러고는 몸을 돌려 다른 친구들의 조롱을 유도하려고 했다.

"암탉들의 삶이라니, 별로 관심이 안 생기는데." 야닉이 필통 속의 크레파스들을 만지작거리며 말했다.

"나도 예전에는 그렇게 생각했어…."

나는 거기서 말을 멈췄다. 몸집이 줄어들면서 암탉과 대화를 나누었던 게 계기가 되었다고 고백할 수는 없었다. 친구들이 내가 미쳤다고 생각할 게 분명했다! 그래서 임기응변으로 말을 지어 내기 시작했다.

"아주 무시무시한 죽음으로부터 용기를 내어 탈출한 불행한 암탉의 안타까운 모습을 내 눈으로 직접 보기 전까지는 말이야…."

이런 말이 어떻게 떠올랐는지는 모르겠지만, **수수께끼** 같은 이 말은 반 친구들의 주의를 단번에 집중시켰다.

"아이, 불쌍하기도 하지!" 레나가 안타까워하며 말했다.

"다른 암탉들은? 다른 친구들은 다 죽은 거야?" 넬리가 물었다.

"아마 아닐 거야…. **아직** 구해낼 시간이 있어!" 내가 말했다. "하지만 서둘러야 해!"

"양계업자가 암탉들을 다 죽일 거래?" 레나가 근심 어린 표정으로 물었다.

"응….”

"그런 **학살**을 막으려면 우리가 뭘 할 수 있어?" 니콜라가 말했다.

"양계업자로부터 암탉들을 **사서 입양하겠다**고 제안해 볼 수는 있어. 암탉들이 비로소 **괜찮은** 삶을 살 수 있도록 말이야."

"암탉들을 입양한다고?" 롤랑이 이번에도 입을 비죽거리며 말했다.

"동물애호협회에서 개나 고양이는 입양해도, 암탉이라니…. 암탉은 **가축**이잖아. 함께 놀거나 쓰다듬는 동물이 아니라고."

"내가 듣기로는 암탉도 **똑똑하고** 길들일 수 있는 동물이래." 멜로디가 끼어들며 말했다.

"개나 고양이만큼 똑똑하지 않은 건 사실이지만, 그렇다고 해서 암탉들이 알을 많이 낳지 않는다는 이유로 무참히 **죽여도 된다**고 생각하는 건 **부끄러운 일**이야." 말로가 목소리를 높였다.

"나는 한두 마리 정도 입양할 수 있는지 부모님께 물어볼게." 멜로디가 말했다.

"그것참 고맙구나, 멜로디." 카라벨 선생님이 말했다. "네가 첫 번째 지원자야."

"저는 아파트에 살아서 키울 수가 없는걸요…." 카미유가 시무룩해하며 말했다.

"아파트에 사는 친구들은 암탉을 입양할 여건이 안 되는 건 사실이란다. 하지만 암탉을 입양할 친구들을 위해 암탉 먹이를 마련하는 일은 **도울** 수 있을 거야." 카라벨 선생님이 격려하며 말했다.

"저희 부모님은 다른 사람이 키우는 암탉을 위해 먹이를 사는 건 **절대로** 허락하지 않을걸요?"

"따로 돈을 주고 살 필요는 없단다." 선생님이 설명했다. "남은 음식을 모아두었다가 주면 되거든. **국수, 쌀, 빵, 채소 껍질** 같은 것 말이야. 보관 용기에 잘 담아두었다가 친구들에게 가져다 주기만 하면 돼. 그럼 암탉들을 먹일 수 있을 뿐만 아니라, 우리 환경을 오염시키는 **쓰레기의 증가**도 막을 수 있단다."

"어제 남프랑스 지방의 쓰레기 매립지 문제에 관한 TV 르포를 봤어요. 쓰레기가 **독성 가스**를 발생시키고 **공기를 오염시켜서** 그곳에 사는 주민들의 건강을 해치게 만든대요." 레나가 말했다.

"그래. 우리는 지나치게 **많은** 쓰레기를 만들어 낸단다. 쓰레기는 최대한 재활용하도록 노력해야 해. 그렇지 않으면 지금으로부터 수백 년…, 어쩌면 그것보다 빨리 우리의 지구는 **사람이 살 수 없는 곳**이 될 거야."

"그럼 우리는 어떻게 돼요?" 넬리가 불안감으로 **기어들어가는 목소리**로 걱정스레 물었다.

"**좀비**가 되는 거지!" 공포 영화를 좋아하는 뤼카가 외쳤다.

몇 명이 어색하게 웃었고, 카라벨 선생님은 다시 말을 계속했다.

"아무것도 하지 않는다면 재앙이 더욱 빨리 닥칠 거라는 사실을 우리 모두 인식할 필요가 있단다. 하지만 지금은 하던 이야기를 마저 하자꾸나…. 불쌍한 암탉들을 잊으면 안 되겠지?" 카라벨 선생님이 앞으로 다가올 우울한 미래로 인해 무겁게 변한 분위기를 전환하기 위해 웃으며 말했다.

"그럼 우리가 암탉들을 입양하면 돈도 낼 필요가 없고, 덤으로 **달걀**도 얻을 수 있겠네!" 기욤이 신난 목소리로 외쳤다.

"바로 그거야!" 내가 말했다. "이건 서로에게 도움이 되는 일이야. 우리는 **불행한** 암탉들을 구해주고, 암탉들은 우리에게 **신선한** 달걀을 주고!"

"**멋지다!**" 뤼카가 열광하며 말했다. "우리 집 정원 한쪽에 오래된 널빤지로 만든 오두막이 하나 있거든. 이번 주말에 그걸 분해해서 암탉 두세 마리 정도가 살 수 있는 **예쁜 닭장**을 만들면 되겠어. 그리고 달걀로는 **크레페**를 만들어 먹을 거야."

나는 친구들의 반응에 몹시 **기뻤다**. 우리가 양계장의 암탉들을 **모두** 구해내는 상상을 하고 있다니…. **빨강이**에게 이 사실을 알리면 얼마나 좋아할까?

"오늘 저녁에 각자 부모님, 친구들, 이웃에게 이 사실을 전하기로 하자. 그리고 내일 각자 몇 마리나 입양할 수 있는지 계산해 보자. 그 후에 선생님이 양계업자에게 연락해서 나이 든 암탉들을 사들일 수 있는지 물어볼게. 방금 인터넷으로 암탉 가격을 찾아봤는데, 대략 1유로 정도 한다는구나." 선생님이 우리에게 말했다.

"1유로라니! 한 동물을 살리는 것치고 정말 싸네요!" 말로가 말했다.

"그래. 각자 돼지 저금통에 몇 유로 저금해 두었다면, 그걸로 군것질거리를 사는 대신에 암탉을 구하는 **좋은 일**을 하는 게 어떻겠니?" 카라벨 선생님이 덧붙였다. "선생님은 **열 마리**를 사도록

할게! 선생님 집은 학교 바로 옆이니까, 입양을 하지 못하는 친구들은 쉬는 시간에 암탉들을 보러 얼마든지 선생님 집으로 와도 좋아."

우리 선생님은 정말 **멋졌다**. 우리는 **크게** 박수를 쳤다.

사방에 닭장들이!

학교에서 돌아오자마자 나는 차고로 달려갔다. **빨강이**가 꼬꼬댁거리며 다가왔다. 나는 학교에서 있었던 일을 들려주었고, 빨강이는 고개를 내 쪽으로 기울여 내가 하는 말을 경청했다. 이따금 칭찬하듯 **가볍게** 부리로 내 손을 쪼았다.

"네 친구들을 **최대한** 많이 구할 수 있었으면 좋겠다!"

그리고 전날 저녁 오래된 옷가지를 넣어두었던 상자 속에서 **예쁜 달걀** 하나를 발견했다. 이번엔 내가 빨강이를 쓰다듬으면서 칭찬할 차례였다.

"잘했어, **빨강아!**"

　자신과 친구들을 신경 써 주는 것에 대한 고마움으로 알을 낳은 게 분명했다.
　바깥에서 **망치질** 소리가 들렸다. 아빠가 **닭장**을 막 완성한 것이었다.
　"자, 아빠 솜씨 어떠니?" 만족스러운 표정으로 아빠가 내게 말했다. "널빤지 몇 개, 철망, 지붕으로 쓸 천만 가지고 눈 깜짝할 새에 **빨강이**를 위한 예쁜 집을 완성했단다! 원예 상점에서 나무로 된 닭장을 사 올 수도 있었지만, 직접 만드는 것도 **그렇게 어**

렵지 않거든."

"고마워요 아빠."

"빨강이가 앞으로 3~4년은 우리에게 멋진 달걀을 낳아줄 거 아니니!"

바로 그때, 엄마가 자동차를 앞뜰에 댔다. 조수석 문을 열고 내린 여동생이 소리를 지르며 달려왔다.

"빨강아, 잘 있었어?"

"그럼. 달걀도 하나 낳았다구!"

"대단하다! 오늘 저녁으로 내가 반숙란 해서 먹어도 돼?"

다음 달걀은 내가 먹겠다고 다짐하면서 나는 시도에게 달걀을 양보했다.

"오늘 나이가 많은 암탉들을 구하자는 오빠 아이디어를 반 친구들에게 이야기했어." 시도가 내게 말했다. "내 친구들도 관심을 보였어. 그리고 선생님도 도움을 주시겠다고 약속했어."

"말도 안 돼, 정말 네가 그렇게 해준 거야?"

"응. 이제 나도 환경을 지키는 슈퍼히어로가 되었으니까!" 시도가 자랑스럽게 말했다.

"엄마도 동료 교사와 학생들에게 말했는데, 우리도 우리가 뭘 할 수 있는지 알아보기로 했단다." 엄마가 말했다.

"그렇게 모두가 동참한다면 이 지역의 불행한 암탉들을 모두 구해낼 수 있겠네?" 아빠가 약간 비꼬아서 말했다. "아직 양계업자가 암탉들을 팔아줄지는 두고 봐야 할 문제겠지만 말이야."

"아빠는 양계업자가 거부할 거라 생각해요?" 시도가 **걱정스레** 물었다.

"그럴지도 모르지. 하지만 너희들이 돈을 낸다고 했으니 그쪽 입장에서는 밑지는 장사는 아닐 거야."

"카라벨 선생님이 양계업자를 설득해 본다고 했어요. 하지만 그전에 암탉들이 확실히 입양이 될 거라는 보장이 있어야 해요. 삼백 마리를 구하는 데 성공했어도 그들이 갈 곳이 없다면 **큰일** 이니까요." 내가 말했다.

"아빠한테 그 많은 암탉들을 키워달라고 하면 안 된다!" 아빠가 농담했다.

"그래도 몇 마리는 키워도 괜찮죠?" 시도가 애절한 눈으로 졸랐다.

"두세 마리 정도라면 뭐."

"내가 만든 닭장에는 세 마리밖에 못 들어갈 거야. 그리고 너무 많은 닭을 키워서 이웃을 **불편하게** 만들면 안 되니까."

우리는 너무나 기뻐서 엄마와 아빠의 목에 매달렸다. 시도는 암탉들을 구하는 **히어로**의 이야기를 담아 만들어낸 노래를 부르며 춤 비슷한 것을 추어댔다.

우리는 암탉들의 수호자
검은색, 흰색, 빨간색…
환경을 지키는 슈퍼히어로
엄청난 모험이 기다리고 있지

 괴상한 춤과 노래였지만 나는 너무나도 기뻤던 나머지 시도의 춤사위에 덩달아 합세했다. 차고 문 앞에서 **빨강이**가 우리의 모습을 지켜보았고, 심지어는 미소를 짓는 것처럼 느껴졌다.
 "동네를 돌면서 이웃에게 암탉을 입양해 달라고 **제안하자!** 시도, 너도 나랑 같이 갈래?"
 "**설득력 있게** 말하되, 너무 졸라선 안 돼." 엄마가 당부했다.

"거절하는 사람이 있어도 너무 공격적으로 대응하면 안 되는 거 알지?"

우리는 바로 옆집의 이웃 할머니 집부터 들렀다. 저번에 **살충제**˚를 더 이상 사용하지 말 것을 제안하러 들렀을 때, 할머니는 이미 오래전부터 그렇게 하고 있었다고 말했었다. **좋은 기대감**으로 설레었다.

"안녕하세요 라누아 할머니. 혹시 암탉 한두 마리 입양할 생각이 있는지 여쭤보려고 왔어요."

"암탉들을 구하지 않으면 암탉들은 **죽임을** 당하고 말 거예요. 아직 어린데도요." 시도가 말했다.

척 보기에도 라누아 할머니는 문제를 이미 알고 있는 눈치였다. 할머니는 이렇게 대답했다.

"**배터리 케이지**에서 사육되는 암탉에 관한 TV 르포를 본 뒤로 나도 뭔가를 해야겠다는 생각은 했었단다…. 다만 어떻게 해야 할지 몰랐는데, 너희들이 그렇게 제안하니까 **세 마리**를 사고 싶구나. 저기 정원 한쪽 구석에 손질해서 쓸 만한 오래된 닭장도

˚ 《환경 슈퍼히어로 태오 1권: 곤충들을 구하라》 참고.

있거든. 그리고 **두 마리**를 더 사서 여기서 몇 킬로미터 떨어진 곳에 사는 내 딸에게 보내줘야겠어. 손주 녀석들에게 먹일 **좋은 달걀**이 생기는 거라 분명 내 딸도 좋아할 거야."

"와, 감사합니다. 한 마리당 1유로씩이에요!"

"자, 여기 있단다." 할머니가 5유로 지폐를 내밀며 말했다.

우리는 첫 번째 **성공**에 **기뻐하며** 다음 블록으로 달려갔고, 클로아렉 할아버지 집의 벨을 눌렀다. 나는 할아버지가 대문을 열자마자 말했다.

"안녕하세요 클로아렉 할아버지. 며칠 전에 제가 드렸던 **무당벌레 유충들**이 일을 제대로 했는지 모르겠어요!"

"나쁘지 않았단다." 클로아렉 할아버지가 말했다. "하지만 **살충제**를 쓰는 것보단 속도가 **더디더구나**."

"하지만 지구에는 **훨씬 덜 위험하죠!**" 시도가 가장 예쁜 미소를 지으며 말했다.

"그렇지…. 오늘은 또 내게 뭘 제안하러 왔니?" 할아버지가 말했다.

"**암탉들이요!**" 시도가 외쳤다. "매일 공짜로 달걀을 낳아주는 암탉들이요!"

시도의 말은 약간은 과장이었다. 나이 많은 암탉들이 **커다란** 달걀을 낳는 건 사실이지만, 매일 낳는 건 아니었다. 그리고 엄밀히 말해서 암탉들이 공짜인 것도 아니었다. 그래도 어느 정도는 뭐….

"그래?" 시도의 말에 클로아렉 할아버지는 관심을 보였다.

나는 얼른 짧게 설명을 덧붙였다.

"흐음…." 할아버지가 대답했다. "한 마리에 1유로밖에 안 하는 거면… 요새 달걀 가격을 생각하면 금방 본전을 찾겠구나. 그럼 **두 마리** 입양하는 걸로 하지. 닭장도 짓고, 먹이도 주고, 닭장을 청소하는 일이야 심심풀이로 하면 좋을 테니."

"감사해요 클로아렉 할아버지!" 시도가 할아버지의 목에 매달리며 외쳤다.

"너 같은 **홍보대사**가 있으니 암탉들이 아주 좋은 곳으로 가겠구나!" 할아버지가 미소를 지으며 말했다.

클로아렉 할아버지의 집에서 나왔을 때, 시도가 말했다.

"암탉 **입양하게** 만드는 거, 정말 **쉽네**!"

연이은 성공에 우리는 하늘을 날 듯한 기분이었다.

하지만 다음으로 방문한 여러 명의 이웃들은 암탉 입양을 거부했다. 정원에 자리가 없다거나, 닭장을 사거나 만들기를 원하지 않는다고 했다. 닭들은 시끄럽고 지저분하며, 휴가라도 떠나는 날엔 누군가 돌봐줄 사람을 찾아야 한다는 게 그 이유였다…. 반박하기 어려운 이유들이었다.

하지만 그다음으로 들른 조금 더 먼 이웃 둘에게 우리는 총 **다섯 마리**를 입양시키는 데 성공했다.

"그렇게 나쁜 성과는 아니네!" 입양에 성공한 암탉들의 수를 세어보며 내가 말했다. "**빨강이**와 엄마가 입양해도 된다고 했던 암탉들까지 더하면 **열네 마리**를 구한 셈이야. 다른 친구들도 나만큼 성공했다고 한다면, 우리가 죽을 위기에 놓인 양계장의 **모든** 암탉들에게 자유를 찾아줄 수 있을 거야."

"**빨강이**도 기뻐하겠어!" 시도가 신나게 외쳤다.

다시 급식실

그날 저녁, 나는 쉽게 잠에 들지 못했다. 머릿속에서 너무 많은 생각들이 맴돌았다. 여러 가지 프로젝트를 한 번에 수행해야 한다는 두려움과, 그것을 끝까지 잘 해내지 못할지도 모른다는 걱정이 들었던 것이다. **살충제** 사용을 막는 일은 매우 **중요한** 문제였지만, 학대당하는 모든 암탉들을 구하는 것도 **시급한** 일이었다. 게다가 **빨강이**가 나를 믿고 의지하고 있었다!

나는 시장님을 만나러 가고 싶었다. 마을 도로가에서 **살충제**를 사용하지 못하도록 할 것을 제안하고…, 또 **음식물 낭비**를 막기 위해 학교 급식 개선을 요구하고 싶었다…. 거기다 양계업자가

공장식 사육 방식을 포기하도록 설득하기 위해 그들과의 만남도 가져야 했다…. 어떤 양계업자들은 화를 내거나, 아예 문전 박대를 할지도 모르는 일이다.

머릿속이 완전히 **뒤죽박죽**이었다.

다음날 아침, 학교로 함께 걸어가는 길에 나는 마엘에게 고민을 털어놓았다.

"그 많은 문제를 동시에 다 할 수는 없어. 카라벨 선생님에게 조언을 구해보자." 마엘이 내게 말했다.

"네 말이 옳아. 아 맞다! 암탉 몇 마리나 입양시키기로 했어?"

"**삼십 마리!**" 마엘이 입가에 커다란 미소를 지으며 말했다.

"삼십 마리나? 거짓말!"

"진짜야. 몇 달 전에 아빠가 TV에서 르포를 하나 봤는데, 사과 농사를 짓는 한 농부가 사과를 갉아먹는 **작은** 애벌레에 농약을 뿌리는 것 대신에 암탉들을 풀어놓았대. 암탉들이 땅속에 있는 유충들을 **모두** 잡아먹어서 **농약 살포**를 하지 않고도 사과가 아주 잘 자랐다는 거야."

"최고다! 암탉들을 **구하면서** 동시에 **환경도 지키는 일**이네!"

"너는?"

가장 많은 수의 암탉을 입양시키지 못한 것에 기분은 상했지만, 실망감을 숨기려 노력하면서 나는 대답했다.

"시도가 도와줘서 **열네 마리**를 입양시키기로 했어."

"나쁘지 않은데? 다른 애들도 그만큼 해오면 좋겠다!"

우리가 학교 운동장으로 들어왔을 때, 그곳은 **시끌시끌했다**…. 꼭 학교 축제일 같았다. 우리 반 친구들이 다른 반 친구들에게 **우리의 계획**에 대해 이야기한 뒤, 암탉들을 입양해 줄 가정이 있는지 찾고 있는 것 같았다.

서로 토론을 하고, 기쁨의 탄성을 지르고, 박수를 치고, 주머니 속에서 동전이 떨어져 바닥 위를 굴러가고, 웃음이 터져나오

고 있었다!

몇몇 친구들이 내게로 다가왔다. 그중 한 명이 내게 물었다.

"배터리 케이지에서 사육되는 나이 많은 암탉들을 구하자는 아이디어를 네가 냈다며?"

덩치가 커다란 친구였다. 언제나 다른 친구들에게 싸움을 거는 무리 중 하나였다. 평소라면 피하는 게 상책이었겠지만…, 사람 일이란 어떻게 될지 모르는 법이다. 나는 모기만 한 소리로 대답했다.

"응."

"정말 멋진 아이디어야! 우리 반 선생님이 어제 수업 마치기 전에 이야기해 주셨어. 우리 모두 거기에 동참하기로 했어…. 암탉을 싫어한다는 몇몇 멍청이들을 빼고. 나는 아파트에 살아서 직접 암탉을 키울 수는 없지만, 우리 할머니가 두 마리, 이모가 세 마리를 입양하기로 했어."

"최고야!" 그가 암탉 문제에 관심을 가진다는 사실에 놀라며 내가 대답했다.

얼마 안 가 내 주위로 친구들이 잔뜩 모여들었다. 모두가 각자 암탉을 몇 마리나 입양시키기로 했는지 외쳐대면서 신나고 즐거워했다. 마치 올림픽에서라도 이긴 듯한 분위기였다.

"나는 네 마리!"

"나는 **다섯 마리!**"

"나는 **두 마리**밖에 못 팔았어. 하지만 우리 집 이웃이 정원에 울타리를 치고 나면 **네 마리**를 꼭 입양하겠다고 약속했어."

너무나 놀란 나는 반복해서 이렇게 외칠 뿐이었다.

"정말 **좋은 일이야. 잘 됐다!**"

교실로 들어오면서 우리는 카라벨 선생님의 교탁 위에 돈과 함께 암탉을 입양하길 원하는 사람들의 목록을 제출했다. 카미유가 출석을 부르고(오늘은 카미유가 담당이었다) 급식을 먹을 사람을 체크하는 동안, 선생님은 숫자를 헤아렸다. 나는 결과가 **좋은지 나쁜지** 알아내려 노력하면서 선생님의 눈치를 살폈다.

"**축하한다 얘들아!**" 선생님이 외쳤다. "너희들이 노력한 덕분에 암탉을 **84마리**나 입양시키게 되었구나!"

그 말과 함께 박수 소리가 교실에 울려 퍼졌다. 선생님은 손을 들어 우리를 조용히 시킨 뒤, 계속해서 말했다.

"선생님이 이 학교의 교장이기도 한 만큼 이 프로젝트를 다른 선생님들에게 알렸단다. 우리 학교의 총 열 개 반이 **산란계를 구하라** 미션에 동참하기로 했다고 하는구나!"

또다시 박수가 터져 나왔다.

나는 뿌듯함으로 얼굴이 붉어졌다. 사실 그건 **나와 빨강이**의 아이디어였기 때문이다.

"지금까지 총 **196마리**의 암탉들에게 새로운 가정이 생겼단다! 하지만 분명 며칠 안으로 이 수는 **두 배로** 늘어날 거야!"

모두가 **함성**을 질렀다!

"내일 선생님이 우리 지역의 공장식 양계업자를 만나서 **도축장**으로 향할 운명에 처한 암탉들을 매수하겠다고 할 예정이야."

그러자 반 전체가 열광에 빠졌다. 모두가 **소리 지르고, 웃고, 박수를 쳤다!** 우리는 **생명을 구한 것** 같은 기분을 느꼈다…. 물론 그건 암탉들의 생명이긴 하지만…, 하지만 암탉의 생명도 생명이고, 우리 모두 때문에 죽음의 위험에 처해 있었고, 끔찍하게 갇혀 있기만 했던 순계류*의 일부가 비로소 **햇빛**을 받으며 걸어다니는 법을 배우게 된 것이다.

"학교 바로 옆에 있는 선생님 집에 닭장을 금방 설치할 테니, 암탉을 입양하지 못하는 아이들은 얼마든지 와서 암탉들을 보고, 먹이를 주고, 달걀을 수확해도 좋단다!"

"와, 너무 좋아요. 저는 아파트에 살아서 아쉬웠거든요. 저도 조금이나마 동참할 수 있어서 **기뻐요**." 뤼카가 말했다.

---

* 닭목에 속한 육상조류를 한데 묶어 일컫는 말로 닭, 꿩, 뇌조 등이 여기에 속한다.

"여기서 나오는 달걀로 반 친구들의 생일을 축하하기 위한 케이크를 만들어 보도록 하자. **사랑의 식당***에 **제공해도** 좋고!" 카라벨 선생님이 덧붙였다.

"좋아요!"

"그리고 저번에 말했던 것처럼, 급식에서 남은 음식은 암탉들의 먹이로 사용하는 데 충분할 거야." 카라벨 선생님이 말했다.

나는 때를 놓치지 않고 말했다.

"선생님, 말이 나와서 말인데요…, 급식에서 음식물이 **많이** 남는 이유가 품질이 그다지 좋지 못해서예요."

"사실 그렇게까지 나쁘진 않은데." 선생님이 말했다. "예산이 빠듯하니 막스 씨도 제공받은 재료를 가지고 최선을 다해 요리를 할 수밖에 없단다."

"양이 더 **적더라도** 품질이 더 좋은 음식을 먹을 수 있다면 좋겠어요. 저희는 배식 아주머니가 접시에 담아주는 음식을 **전부** 먹은 적이 단 한 번도 없거든요."

"음식이 더 맛있어진다면 음식을 남기지도 않을 거고, 모두에게 좋은 일일 거예요. 배식 아주머니의 일도 줄어들고, 오후

---

* '사랑의 식당(Resto du Coeur)'은 프랑스의 자선 단체로, 겨울에 노숙자 및 빈곤층에게 무료로 식사를 제공한다(옮긴이 주).

시간에 저희들 상태도 더욱 좋을 거고요….” 멜로디가 넌지시 말했다.

"그렇게 많은 음식을 버리는 건 환경에도 **나빠요**." 마엘이 거들었다.

"그래. 우리 **지구를 지키는 슈퍼히어로들**." 선생님이 미소를 지으며 말했다. "너희들이 이 문제에 대해 많은 고민을 한 것 같구나. 그럼 **급식위원회**를 만들어서 각자 아이디어를 내보는 건 어떠니? 다 함께 논의해 본 뒤에 의미 있는 주장이 나온다면 시장님과 만남을 정하는 거야. 너희들이 찾아낸 해결책을 시장님께 제시하고, 급식의 질을 개선할 수 있도록 하는 거지. 그 뒤는 시장님의 손에 달렸어. 하지만 시장님이 너희들이 먹을 음식을 개선하기 위해 진심을 다해 노력하실 거라고 선생님은 믿어 의심치 않는단다."

태오의 친구들

집으로 돌아가자마자 나는 **빨강이**에게 오늘 있었던 일을 이야기하기 위해 정원 한쪽 구석으로 달려갔다.

빨강이는 평온한 모습으로 땅을 파고 있었다. 깃털에는 벌써 윤기가 흘렀다. 첫날 만났을 때의 가엾은 모습은 온데간데없었다. 내 목소리를 들은 빨강이는 몸을 일으켰다. 부리에 작은 벌레 한 마리가 매달려 있었다. **아이고!** 내 친구 곤충들이 내가 정원 안에 자신들의 **천적**을 끌어들였다고 원망하면 어떡하지!

빨강이와 대화를 나누기 위해서는 내 몸이 **작아져야** 했다. 그래서 나는 외쳤다.

"무당벌레야. 나야 태오…, 네가 필요해!"

하지만 무당벌레는 한 마리도 보이지 않았다. 어쩌면 내 새로운 친구에게 쪼이지 않기 위해 어딘가에 숨어 있는 건지도 몰랐다. 무당벌레가 없다면 나는 다른 사람처럼 평범한 **인간**일 뿐인데…. 이제 나는 정원에 사는 **작은** 동물들과 수다를 떠는 기쁨에 맛이 들려 있었다. 더는 그 기쁨을 맛볼 수 없다면 **너무나도 실망스러울** 것이었다. 나는 다시 외쳤다.

"무당벌레야. 우우! 나야 태오!"

빨강이는 땅을 파던 행동을 멈추었다. 한 발을 공중에 들어올린 채 내 말을 듣고 있었다.

바로 그때, 무당벌레 한 마리가 나를 향해 날아왔다. 끈적끈적한 무당벌레 다리가 내 뺨 위에 느껴졌다. 그리고 땅바닥이 내 몸을 빨아들이는 기분이 느껴졌다.

푸슉!

내 몸은 이제 **몇 밀리미터**밖에 안 되는 크기가 되었다.

"방금 전까지 풋강낭콩 근처에 있었어. 진딧물들을 먹던 중이었거든!" 입을 오물거리며 무당벌레가 설명했다.

입안에 있는 것을 삼킨 무당벌레가 말을 계속했다.

"그래서 네가 하는 말을 듣지 못했어. 왜 우리 세계로 오고 싶었던 거야?"

"빨강이와 대화를 하고 싶었어."

"좋아. 사실 우리 가까이 닭이 있는 건 그다지 기쁜 일은 아니야…. 그래도 결국에는 익숙해져서 저 부리를 피할 수도 있게 되겠지."

"나한테 화가 났던 게 아니야?"

"아니 전혀. 너는 빨강이의 목숨을 구했어. 네 임무를 완수한 거야. 우리는 모두 자연의 먹이사슬의 일부지. 커다란 것이 더 작은 것을 먹는 건 당연한 일이야."

"정말?"

"올바른 자연의 순환 속에서는 어떤 동물도 자신이 살고 있는 환경을 파괴하지 않아. 하지만 인간은 다르지."

"그건 인간이 자기 자신을 가꾸고, 옷을 입고, 두르고, 즐기

고, 먹고, 심지어 달에 가기 위한 물건들을 발명했기 때문이야…. 그래서 어쩔 수 없이 나무도 잘라야 했고…."

"너는 그런 물건들을 발명했다는 이유로 지구를 **파괴하는** 것이 **옳은** 일이라고 생각해?" 언제 왔는지 모르겠지만 풍뎅이가 말했다.

"인간들이 지금처럼 계속한다면 백 년 안에 **지구**는 살 수 없는 환경으로 변하게 될 거야! 녹조류가 해안가를 뒤덮고, 바다는 **플라스틱, 석유, 중금속으로 가득 차게** 되는 거지." 갈매기 한 마리가 우리 곁으로 다가와 앉으며 말했다.

"숲들도 연기가 되어 사라질 거야. 식물들은 **오염되고**, 동물들은 **병들고**, 최악의 경우에는 마실 수 있는 물이 단 한 방울도 남지 않게 될 거야!" 메뚜기가 거들었다.

"너희 너무 극단적으로 말한다…."

"전혀 그렇지 않아! 우리는 **비상벨**을 울리고 있지만 누구도 우리의 말을 듣지 않아!"

"아냐, **내가 있잖아**."

"그건 맞아. 태오 **네 덕분에** 우리는 희망을 되찾았어." **작은** 파란색 나비 한 마리가 내 주위를 돌며 말했다.

"이봐!" 날파리 한 마리가 윙윙거렸다. "다들 숨어. 암탉이 오고 있어!"

정말로 빨강이가 느린 걸음으로 내 쪽으로 다가오고 있었다. 내가 어떤 종류의 이야기를 전할지 걱정하고 있는 모양이었다. 내겐 오로지 좋은 소식뿐이었으므로 나는 즐겁게 외쳤다.

"우리 학교 전체가 우리와 동참하기로 했어. 이제 네 친구들 백 마리 이상은 구할 수 있게 됐어!"

"그게 정말이야?" 빨강이가 기뻐하며 말했다. 눈에 눈물이 고여 있었다.

몸을 숨기고 있던 곤충과 달팽이, 애벌레들이 용기를 내어 모습을 드러냈다. 날개를 휘젓고, 다리를 비비고, 울음소리를 내고, 침을 흘리고, 몸을 흔들며 축하해 주었다. 빨강이는 너무나 기뻐서 거기에 있는 모두가 자신의 먹이라는 사실을 잊어버린 것 같았다.

"널 믿어도 될 줄 알았어, 태오야." 꿀벌이 말했다.

"그래? 왜 하필 태오인데?" 빨강이가 놀란 얼굴로 물었다.

"태오는 지구를 구하기 위해 선택된 아이거든." 라일락 잎 위에 앉은 잠자리가 설명했다.

"태오가 할 일이 많겠는걸!" 빨강이가 중얼거렸다.

"그럼!" 내 친구들이 모두 입을 모아 대답했다.

친구들이 나를 믿고 있다는 사실은 내게 감동을 주었지만, 그와 동시에 두려운 마음도 들었다. 내가 말했다.

"내가 할 수 있는 데까지 최선을 다할게. 하지만 성공할 수 있다는 확신은 없어. 어쩌면 너무 늦었을지도 몰라….”

"아냐. 서두르면 돼! 태오 네가 우리들의 **슈퍼히어로**가 된 것도 그래서거든!"

"**너무 부담스러운 임무** 같은데?"

"모든 **아이들이 함께**한다면 성공할 수 있을 거야!" 내 친구 울새가 응원하며 말했다.

급식위원회

다른 반에서 온 지원자들과 함께 우리는 쉬는 시간마다 여러 번 모였다. 급식 문제를 해결할 아이디어를 내기 위해서였다. 그리고 아이디어가 쏟아졌다! 이미 부모님과 급식에 대해 이야기를 나눠본 적이 있는 친구들이 여러 해결책을 제기했다.

"우리 아빠가 **유기농 채소**를 기르는데 그걸 급식 재료로 판매할 수 있대." 3학년 학생 하나가 말했다.

"우리 부모님은 **과수원**을 가지고 있는데 사과와 배를 제공할 수 있다고 했어." 넬리가 말했다.

"우리 삼촌은 정육점을 운영하는데 분명 급식에 **좋은 재료**를

배달해 줄 수 있을 거야." 4학년 학생이 말했다.

여러 명의 선생님들이 주위에 서서 우리가 낸 아이디어를 기록했다. 처음에 아이디어를 낸 것이 우리 반이었기 때문에, 카라벨 선생님은 우리에게 급식 개선을 위한 제안들을 모두 모아 문서를 작성하는 일을 맡겼다. 문서가 완성되면 시장님께 보여드릴 거라고 했다.

"우리가 급식에서 남긴 음식들의 사진을 넣으면 어때?" 기윰이 제안했다.

"덜 익은 과일, 말라비틀어진 순무, 시든 채소, 색 없는 토마토 사진도?"

"급식 시간이 끝난 뒤에 가득 채워진 **거대한** 음식물 **쓰레기통** 사진도?" 뤼카가 덧붙였다.

"일부 양계장의 문제를 지적하기 위해 **빨강이** 사진도 한 장 넣을까?" 내가 말했다.

우리는 **의욕이 넘쳐서** 너 나 할 것 없이 동시에 아이디어를 냈다!

"글쓰기 표현, 조형예술, 레이아웃을 연습하기에 아주 좋은 기회가 되겠어!" 카라벨 선생님이 말했다.

완성하는 데는 **몇 주**가 넘는 시간이 걸렸지만, 우리들은 결과에 꽤나 뿌듯함을 느꼈다.

"약간의 어려움도 있었지만, 이번 주 수요일 오후 2시에 시장님과 **만나기로** 했단다. 그래서 말인데, 선생님과 시청까지 동행할 **학급 대표**가 있으면 좋을 것 같구나."

우리는 서로의 얼굴을 바라보았다. 누가 선택될까? 우리 반 반장인 기욤? 문서를 효율적으로 작성한 마엘? 아니면 **나?** 나는 자세를 바로 고쳐 앉았다. 우리들의 아이디어⋯ 아니, **내 아이디어**를 주장하는 일이 나는 썩 마음에 들었다. 마음속으로 몰래 내가 대표가 되기를 빌었다.

"가장 먼저 급식의 음식물 낭비 문제를 꺼냈고, 우리에게 암탉들의 슬픈 운명에 대해 들려준 게 태오니까, 우리들을 대표할 사람도 태오가 되어야 한다고 생각해요." 마엘이 말했다.

몇몇은 불만스러운 소리를 냈지만, 대부분의 친구들은 마엘의 의견에 동의했다.

"고마워. 최선을 다할게." 감격한 내가 말했다.

수요일이 되었다. 카라벨 선생님은 학년별로 대표로 선정된 다섯 명의 학생들에게 학교 운동장으로 모이라고 전했다.

3학년 담임인 뒤퓌 선생님이 우리와 동행했다.

전날 밤, 나는 잠을 제대로 잘 수 없었다. 혹여나 시장님이 우리를 비웃거나, 최악의 경우에는 쓸 데 없는 일에 신경을 쓴다고 비난할까 봐 걱정이 되었다.

아침 일찍부터 나는 걱정거리를 빨강이에게 털어놓았다. 나는 빨강이의 옆에 몸을 웅크리고 앉았다. 빨강이는 고개를 기울여 내 말을 경청했다. 그리고 작게 꼬꼬댁 소리를 냈다. 나를 다독여 주는 것 같았다. 그러고는 놀랍게도 내 팔 위로 뛰어올랐다.

"나랑 같이 가고 싶어?"

"꼬꼬."

"그게 좋은 생각일지 모르겠는데."

"꼬꼬."

"응. 사실 네 말이 맞아. 우리가 시청에 가는 것도 너와 네 친구들을 위한 거니까. 네가 있으면 시장님께 영향을 줄 수 있겠지."

빨강이를 팔에 올린 채로 학교 운동장에 도착하자, 대표 학생들과 선생님들이 내 주위를 둘러쌌다.

"닭을 데리고 갈 순 없단다." 뒤퓌 선생님이 내게 말했다.

"돼요, 돼요!" 학생들이 소리쳤다. "얜 꼭 우리와 함께 가야 해요."

"뭐, 안 될 것도 없지." 카라벨 선생님이 결론지었다.

나는 굉장히 기분이 좋았고, 빨강이도 그런 것처럼 보였다. 깃털을 잔뜩 부풀린 것을 보니… 스타라도 된 기분인가 보다!

시청으로!

환경을 지키는 슈퍼히어로의 대장으로서 다 함께 준비한 문서를 들고 가는 건 나의 일이었다. 문서는 아주 **흠잡을 데 없었다**. 우리는 공들여 레이아웃을 정했고, 사진도 성공적으로 찍었다. 글씨가 두드러져 보이게 하기 위해, 우리는 **다양한 글씨체**를 사용해 글자들을 강조했다. 하나의 앨범이라고 봐도 될 정도였다.

시장님의 비서가 우리를 사무실 안으로 들여보냈다. 나는 너무 **떨린** 탓에 다리가 **휘청거렸고** 입은 바짝바짝 말라왔다. **빨강이**도 자신만만하던 모습은 온데간데없이 내 팔에 꼭 붙어 있었다.

시장님은 우리를 친절하게 맞아주었다. 선생님들에게는 의

자에 앉으라고 권했고, **빨강이**를 발견하고는 이렇게 말했다.

"**암탉**이 내 사무실에 온 건 처음이군요…. 그래도 시청에 온 것을 모두 **환영합니다**. 여러분이 내게 알려줄 중요한 일이 있다고 하던데요, 말씀해 보세요."

카라벨 선생님과 동료 선생님, 그리고 대표 친구들이 나에게 응원하는 시선을 보냈다. 분명 오기 전에 읽어야 할 문장을 오랫동안 여러 번이나 반복해서 연습했지만, 지금은 꼭 **마비가 온 듯** 걸음을 떼지도, 입을 뻥끗할 수도 없었다.

그러자 카라벨 선생님이 한 손을 내 어깨에 올렸고, 나를 대신해 말문을 열었다.

"제가 소개할게요. 태오와… 음, 여긴 **빨강이**입니다. 우리 학생들은 **환경을 지키기 위해** 행동하기로 결심했어요."

"아주 멋진 결심이군요!"

시장님의 **따뜻한 말** 몇 마디에 용기가 생겼다. 나는 빨강이를 놓지 않은 채로 시장님께 문서를 건네면서 입을 열었다. 내 목소리가 너무 떨리고 있지 않기만을 바랐다.

"저희는 급식의 품질이 개선되어서 음식물 쓰레기의 양을 줄일 수 있으면 좋겠어요. 여기 사진을 보면 아시겠지만요…, 이렇게 **낭비되는 음식**이 너무나도 많아요!"

시장님은 책상에 앉은 채로 우리가 만든 문서를 훑어보았다. 나는 숨을 멈추었다. 사무실 저편으로 문서를 던지지는 않을까? 짧게 살펴본 다음에 책상 구석에 가만히 두면 어떡하지? 우리는 서로 걱정스러운 눈빛을 주고받았다. 시장님은 시간을 들여 꼼꼼히 문서를 살폈다. 그건 좋은 신호였다. 하지만 나는 안절부절못했다! 페이지가 넘어가는 소리와 **빨강이의 꼬꼬댁대는 소리**만 들리는 몇 분의 **긴 시간**이 지난 뒤, 시장님이 외쳤다.

"아주 **훌륭한** 작업이군요!"

우리는 안도의 미소를 지었다.

"좋은 아이디어들이 담겨 있네요. 하루아침에 관행을 바꿀 수는 없지만, 급식을 개선할 수 있는 방법이 있는지 **주의 깊게** 연

구해 보겠습니다. 약속드리죠."

이런, 이대로 마무리를 지으면 이번 만남에서 **아무런** 구체적인 결론이 나오지 않을 텐데…. 내가 말했다.

"저희가 급식에 신선한 채소와 과일을 제공할 의향이 있는 **농부**들을 만났어요. 발롱 농장에서는 **요구르트, 크림 디저트** 그리고 **유기농 우유**를 제공하기로 했어요. 거기서부터 시작하면 되죠. 지체할 필요가 있나요?"

"이야, 어린 친구가 **모든 걸** 다 생각해 두었군요!" 시장님이 즐거워하며 말했다.

"네. 태오가 환경을 지키는 일에 **아주 열심이에요**." 카라벨 선생님이 말했다.

"급식이 개선되었는데도 음식물 쓰레기가 나온다면, 그걸 학교에서 입양한 **암탉들에게 줄** 예정이에요!"

"여러분이 암탉을 **입양했다고요?**" 시장님이 궁금한 듯 물었다.

"네. 죽을 위기에서 암탉들을 구하기 위해서예요!" 키가 작은 금발의 3학년 대표가 외쳤다. 목소리에 눈물기가 어려 있었다.

우리는 시장님에게 상황을 설명했다. 불쌍한 암탉들의 상황에 대해 시장님은 아무것도 모르는 눈치였다. 시장님은 감격한 듯 몸을 일으켰다. 심지어는 가슴을 당당히 내민 **빨강이**를 쓰다듬기도 했다. 시장님이 우리에게 말했다.

"시청과 함께 해당 양계장 암탉들의 처지를 개선하기 위해 우리가 뭘 할 수 있는지 한번 알아보겠습니다. 제가 알기로는 수년 내에 그러한 종류의 사육장을 금지하게 하는 법령이 이미 발표된 걸로 압니다."

"아, 정말 다행이에요!" 내가 말했다. "그때까지는 최대한 암탉들을 구하기 위해 노력해야겠네요!"

"태오 학생 말이 맞아요. 저도 집 정원에서 기를 암탉을 두 마리 입양하도록 하지요. 우리 집에서라면 자유롭게 벌레들을 쪼면서 살 수 있을 겁니다."

"감사… 감사합니다 시장님." 내가 더듬거리며 말했다.

"환경 문제에 관해서는 우리 시 전체에서 화학 살충제의 사용을 금지하고, 수분 매개 곤충들을 유인할 수 있게 도로 비탈면에 꽃

들을 심게 하지요."

"멋져요!"

"그럼 태오 학생, 나도 **환경을 지키는 슈퍼히어로** 클럽의 일원이 될 수 있을까요?"

너무 당황한 나머지 나는 얼버무리고 말았다.

"어… 물론이죠…."

급식 만세!

 몇 주가 지난 뒤, 카라벨 선생님이 우리에게 말했다.

"아주 멋진 소식이 하나 있단다…. 아니, **두 개**나 있어. 어떤 것부터 듣고 싶니?"

"어… 첫 번째 거요!" 한 무리가 외쳤다.

"두 번째 거요!" 장난으로 다른 무리가 목이 터져라 외쳤다.

카라벨 선생님은 **미소를 지으며** 팔을 뻗어 우리를 진정시켰고, 우리는 우리가 어떤 결과를 가져왔는지 **얼른** 알고 싶어 조용히 입을 다물었다.

"양계업자가 **공장식 사육**을 포기하고 야외에서 암탉들을 기르는 방목식을 도입하기 위한 방법을 연구하기로 했단다."

"**와아!**" 우리는 함성을 질렀다.

"그래도 양계업자에게 사육장을 정비하고, 자금을 구하고, 설비를 변경할 **시간을 줘야겠지**. 안타깝지만 18개월 이상 된 암탉들은 남기지 않을 예정이라고 해. 달걀의 크기가 너무 **커서** 팔 수 없는 건 여전하거든."

"크기가 **커다란** 달걀도 훌륭하다는 사실을 소비자들에게 설득해야겠어요." 레나가 제안했다. "**못생긴** 과일이나 채소도 똑같아요. **예쁘게** 생긴 것과 똑같이 맛있는데 아무도 원하질 않아요!"

"네 말이 맞아. 레나." 카라벨 선생님이 말했다. "우리 지역 축산업자들의 제품 대다수를 사들이는 농업 협동조합과 만남을 가져야겠지."

"아이고야." 롤랑이 불평스레 말했다. "일이 끝나질 않겠는데요…."

"맞아. 하지만 시작한 모든 일에는 **끈기**가 필요한 법이지." 선생님이 덧붙였다.

"만약 모든 사람들이 **커다란** 달걀을 사고 싶어 한다면, 매장에서도 그걸 파는 수밖에 없겠네요!" 멜로디가 즐겁게 외쳤다.

"바로 그거야! 지금부터 나는 **커다란** 달걀만 먹겠어요!" 말로가 열의에 불타며 말했다.

말로는 햄스터처럼 볼을 부풀리고 웃음을 터뜨렸다. 잠깐의 농담이 분위기를 풀어주었다. 그리고 내가 말했다.

"암탉들은 계속해서 우리 주변 사람들에게 입양을 권유해야 해요."

"SNS에 안내글을 올려서 우리 지역 사람들이 암탉을 구하러 오게 만들면 어때요?" 뤼카가 제안했다.

"그거 좋은 생각이구나." 카라벨 선생님이 말했다. "네가 그 분야에 있어서는 전문가니까 네가 담당하면 되겠구나."

뤼카는 자세를 고쳐 앉았다. 뤼카는 학업 성적은 늘 좋은 편이 아니었지만, 컴퓨터 앞에만 앉으면 챔피언으로 변했다. 프로그램을 로딩하고, 아무도 생각하지 못한 사

이트를 찾아내고, 바이러스를 감지해 내는 실력에 있어서는 모두의 부러움을 샀다.

"두 번째 소식은 뭔가요?" 레나가 질문했다.

"급식의 질이 **개선**될 거란다."

우리는 또 한 번 기쁨의 탄성을 질렀다.

"시장님이 **유기농** 채소와 과일을 제공하기로 한 지역의 몇몇 농업인들과 만남을 가졌다고 해."

"그럼 급식 가격이 **더 비싸질까요?**" 카미유가 걱정스레 물었다.

"그렇지도 않아. 우리 지역 생산자들이 아주 경쟁력 있는 가격에 생산품을 팔고 있거든. 학교 요리사인 막스 씨는 **좋은 재료**를 사용해 요리할 생각에 매우 기뻐하고 있어. 발롱 농장에서 급식에 요구르트, 플랑, 치즈를 공급하기로 했고, 빵은 마을 빵집에서 우리 지역에서 자란 질 좋은 밀가루만 사용해서 만들 거란다."

"거긴 브리오슈가 유명해." 마엘이 내 귀에 속삭였다.

"급식의 품질이 더 좋아진다면 너희들도 밥을 더 잘 먹을 수 있겠지? 그럼 **음식물 쓰레기도 줄어들 거고** 지구에도 더 좋은 일이 될 거란다."

"그럼 암탉들에게 줄 먹이가 없는 거 아니에요?" 넬리가 지적했다.

"그건 아니야. 걱정하지 않아도 돼. 급식실에서 요리할 때 **채소 껍질과 썩은 과일**은 남겨두기로 했단다. 암탉들이 먹을 양은 충분해!"

학교가 파한 뒤, 나는 **빨강이**에게 좋은 소식들을 들려주기 위해 서둘러 집으로 달려갔다.

우리 집 정원에 도착하자마자 나는 무당벌레를 불렀고, 무당벌레는 지체 없이 내게로 날아왔다. 그리고 내 뺨 위에 앉자, **푸슉!** 내 몸이 곤충들 크기로 작아졌다.

빨강이가 몸을 좌우로 흔들며 내게로 다가왔다. 내 친구 곤충들 여러 마리가 안전거리를 유지한 채로 우리 주위로 몰려들었다.

"내 매력이 시장님께 통한 거야!" 빨강이가 몸을 꼿꼿이 펴면서 거드름을 피웠다.

"어쩌면 약간은⋯." 예의상 내가 말했다. "네 친구들도 **더 나은 삶**을 살게 될 거야."

"고마워 태오야. 내 암탉 친구들 모두 너에게 **큰 빚**을 졌어."

"태오는 우리의 **슈퍼히어로야!**" 내 주위를 빙빙 돌며 여러 곤충들이 외쳤다.

"음, 맛있는 간식을 먹을 정도의 자격은 있는 것 같아!" 내가 말했다.

"어이, 네 임무가 벌써 다 끝난 것 같아?" 딱정벌레가 말했다.

"뭐, 그렇지?"

"그 임무는 성공시킨 게 맞지⋯. 하지만 널 기다리고 있는 **다른 임무들이 많아.**"

"**자연이 너만 믿고 있어!** 그 사실을 절대 잊지 마!"

직접 해보기

진실 혹은 거짓

 다음 주장들 가운데 어떤 게 진실이고, 어떤 게 거짓일까요?

➡ 문장을 읽고 정답에 동그라미 하세요.

1. 태오와 친구들이 급식 문제를 의논하기 위해 만든 단체의 이름은 '급식 동아리'이다. 진실 / 거짓

2. 암탉은 순계류에 속한다. 진실 / 거짓

3. 마엘은 이웃에게 암탉을 30마리 입양시키는 데 성공했다. 진실 / 거짓

4. 암탉은 오로지 곡식만 먹는다. 진실 / 거짓

5. 태오의 마을 양계업자는 공장식 사육을 중단하고 야외 방목식 사육을 시도하기로 했다. 진실 / 거짓

정답
1. 거짓. 단체의 이름은 '공사상임회도'이다.
2. 진실. 암탉은 순계류에 속하며, 야외에도 암탉 외에도 공작새, 뿔닭, 꿩, 메추라기 등이 있다.
3. 진실. 태오는 고민 끝에 암탉 입양자지 운동에 참여해 암탉 친구들 30마리를 만들기로 했다.
4. 거짓. 암탉은 잡식동물이다. 곡식이나 사과나 사람들이 먹는 음식(파스타, 빵), 보지, 채소 껍질, 심지어 달팽이 같은 것도 먹을 수 있다.
5. 진실. 태오와 친구들이 양계업자를 설득하는 데 성공했어요.

닭의 품종

 닭은 국가와 지역에 따라 다양한 생김새를 가지고 있습니다. 우리나라의 닭은 깃털의 색상에 따라 갈색종, 흑색종, 백색종 등으로 나눌 수 있습니다. 그렇다면 다른 나라의 닭들은 얼마나 다른 모습을 하고 있을까요?

한국 재래종은 체형이 비교적 날씬하고 보통 목에는 깃털이 많지만 정강이에는 털이 없는 것이 특징입니다. 프랑스의 오래된 품종인 우당종은 깃털이 광택이 나는 흑색이고 흰색 반점이 있으며 발가락이 5개입니다. 이탈리아가 원산지인 흰색의 레그혼은 성장 속도가 빨라 어릴 때부터 달걀을 낳을 수 있으며, 벨기에 품종 브라켈은 깃털이 줄무늬 모양이고 목털은 갈색이나 흰색이 일반적입니다.

➜ 보너스 문제: 여러분이 생각하기에 빨강이는 어떤 품종일까요? 태오의 새로운 친구, 빨강이와 가장 닮아 보이는 암탉에 동그라미 해보세요!

 ①  ②  ③

정답: 한국의 재래닭 ② 프랑스의 우당종 ③ 벨기에 브라켈
정답 ① 흰색 레그혼 ② 프랑스 우당종 ③ 벨기에 브라켈

→ 여러분이 살고 있는 지역에서 볼 수 있는 닭의 품종을 찾아보고 아래 빈칸에 해당 닭의 그림을 그려보세요.

달걀

 달걀 프라이, 반숙란, 오믈렛, 스크램블, 달걀찜 등 달걀 요리를 좋아하나요? 그렇다면 좋은 품질의 달걀을 먹는 것이 좋습니다. 좋은 품질의 달걀은 몸에도 좋고, 좋은 환경에서 사육된 암탉으로부터 생산됩니다.

팁: 우리나라의 경우 달걀 껍데기에 10자리 코드 표기가 새겨져 있습니다. 왼쪽부터 4자리는 산란일자, 다음 5자리는 생산자 번호, 맨 오른쪽은 사육환경 번호입니다. 사육환경 번호는 1에서 4까지 표기가 되어 있습니다.

1 : 자연 방사. 야외에서 방목되어 건강한 먹이를 먹고 자란 암탉으로부터 나온 달걀을 뜻합니다.

2 : 축사 내 방사. 비교적 자유롭게 생활하며 자란 암탉으로부터 나온 달걀을 뜻합니다.

3 : 넓은 닭장. 4번보다는 나은 환경에서 자란 암탉으로부터 나온 달걀을 뜻합니다.

4 : 좁은 닭장. 대량 생산을 위해 촘촘한 케이지 속에서 자라며 평생 밖으로 나와 보지 못한 암탉으로부터 나온 달걀을 뜻합니다.

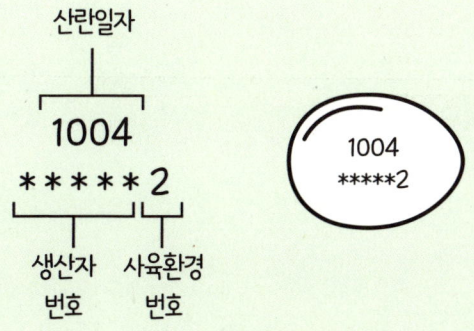

→ 가장 좋은 환경에서 사육된 암탉으로부터 생산된 달걀을 골라 색을 칠해 보세요(2개).

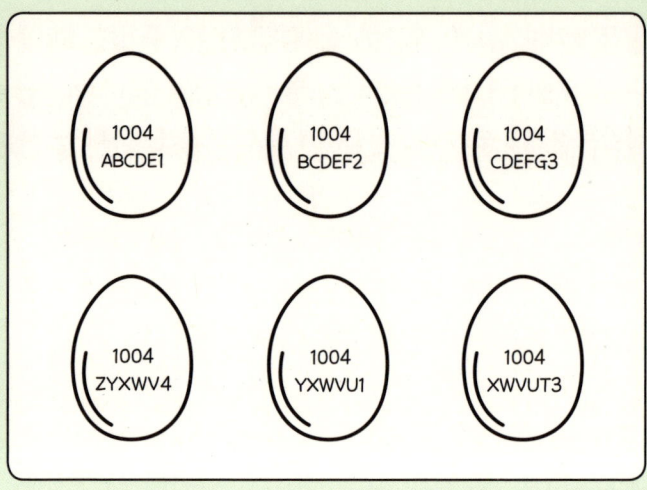

마지막 숫자가 1은 방사 사육, 2는 평사 사육, 3은 개선 케이지 사육, 4는 기존 케이지 사육을 의미합니다.

신선한 달걀을 알아보는 방법?

달걀은 신선한 식재료이기 때문에 유통기한이 표기되어 있습니다! 이 기한이 지나면 먹기에 좋은 달걀이 아닙니다. 그럼 달걀이 신선한지 아닌지 어떻게 구별할 수 있을까요? 커다란 컵 하나와 소금, 그리고 달걀만 있으면 됩니다!

방법은 아주 간단합니다. 커다란 컵에 물과 약간의 소금을 넣은 후 달걀을 넣어보세요. 달걀이 컵 아래로 가라앉는다면 먹어도 좋은 신선한 달걀이라는 뜻입니다. 달걀이 둥둥 떠오른다면 오래된 달걀이라는 뜻이므로 케이크를 만드는 데 사용하면 좋아요.

달걀 안의 공기주머니(에어 포켓)는 매일 조금씩 커집니다…. 한 달이 지나면 크기가 너무 커져서 달걀이 물 위에 둥둥 뜨게 되는 거죠!

달걀을 깨트렸을 때 안 좋은 냄새가 난다면 먹지 말고 버려야 합니다.

> **기억할 점**
> 달걀은 산란 후 한 달에서 한 달 반이 지나기 전에 소비되는 것이 좋습니다.

몇 가지 레시피

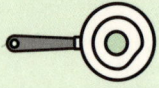 달걀을 이용한 레시피

달걀을 다양한 방법으로 요리할 수 있다는 사실을 알고 있나요? 몇 가지 레시피를 소개해 드립니다! (반드시 어른과 함께 요리하세요!)

반숙 달걀

껍질에 금이 가지 않게 하려면 요리를 시작하기 전에 달걀을 냉장고에서 미리 꺼내두세요. 먼저 냄비에 물을 넣고 끓입니다. 물이 끓으면 달걀을 넣습니다. (손이 데이지 않도록 조심하세요!) 보통 크기의 달걀은 3분, 나이 많은 암탉이 낳은 커다란 크기의 달걀은 4분이면 반숙이 완성됩니다. 그동안 얇고 길쭉한 빵을 작은 크기로 잘라줍니다. 나중에 빵조각을 달걀에 적셔 먹을 수 있습니다. 익은 달걀은 숟가락이나 국자를 사용해 건져냅니다. 건져낸 달걀은 작은 컵에 넣고 윗부분을 깨트립니다. 이제 냠냠, 맛있게 먹으면 됩니다!

달걀 프라이

프라이팬에 버터 한 조각이나 올리브유 약간을 넣습니다. 불을 켠 다음, 팬에 달걀 하나를 깨트려 넣고 흰자가 단단해지고 노른자가 익을 때까지 몇 분간 기다립니다. 그리고 소금과 후추를 약간 뿌립니다… 완성입니다!

오믈렛 2인분

샐러드 접시나 볼 같은 빈 그릇에 달걀 2개를 깨트립니다. 포크를 사용해 달걀을 휘저어 풀어주고 소금과 후추를 뿌려줍니다. 불에 팬을 올리고 잘 풀어둔 달걀을 부어줍니다. 네모나게 자른 햄, 파스타 면, 삶은 감자 조각, 잘게 분쇄한 허브(부추, 파슬리 등)를 추가해도 좋습니다…. 이제 맛있게 먹습니다!

달걀찜

미리 버터를 발라둔 작은 오븐용 용기에 달걀 하나를 깨트려 넣습니다. 생크림 한 테이블스푼을 넣고 소금과 후추를 뿌려줍니다. 약간의 햄, 소시지, 연어 슬라이스, 시금치 등을 넣어 원하는 스타일로 만들어도 좋습니다…. 상상력을 발휘해 다양하게 시도해 보세요! 180도 혹은 200도 오븐에서 10분간 조리한 뒤, 이제 먹기만 하면 됩니다!

🍞 눅눅해진 빵과 함께!

눅눅해진 빵을 버리지 않아도 되는 아주 쉽고 훌륭한 레시피가 있습니다.
(반드시 어른과 함께 요리하세요!)

프렌치토스트

■ 4~6인용 재료

- 눅눅해진 식빵
- 우유 200ml
- 설탕 50g

1. 우유와 설탕을 섞습니다.
2. 섞어둔 우유와 설탕에 식빵을 적십니다.
3. 버터를 약간 두른 팬에 적신 식빵을 노릇하게 굽습니다.

브레드 푸딩

- ■ 4~6인용 재료
- 아무것도 첨가되지 않은 빵 200g
- 달걀 3개
- 우유 500ml
- 설탕 150g
- 시나몬 가루 1봉지 (생략 가능)
- 건포도 혹은 호두 한 줌
- 약간 마른 사과, 바나나 혹은 배

1. 달걀 3개를 설탕과 함께 풀어줍니다.
2. 냄비에 우유를 넣고 데웁니다.
3. 빵을 냄비에 넣고 흐물흐물해질 때까지 적십니다.
4. 원하는 재료들(건포도, 호두, 잘게 자른 과일 등)을 모두 냄비에 넣습니다.
5. 유산지를 씌운 케이크 틀에 섞은 재료를 넣습니다(유산지는 나중에 틀에서 빵을 꺼낼 때 쉽게 떨어지게 합니다).
6. 200도 오븐에서 45분 동안 구워줍니다.

오래된 빵과 그리 신선하지 않은 달걀, 그리고 주변에서 쉽게 구할 수 있는 과일을 이용한 레시피입니다. 맛도 좋지요!

나도 결심해 보기

 이제 지구를 구하기 위해 올바른 결심을 해볼 차례입니다!

환경을 보전할 수 있도록 해주는 작은 행동들에 대한 예시를 아래에 적어놓았습니다. 도전해 볼 만한 행동을 하나 혹은 그 이상 선택하고, 진정한 환경 슈퍼히어로가 되기 위해 그것을 실천해 보세요!

- 암탉들의 행복을 위해 유기농 및 지역 내 생산된 달걀을 우선적으로 소비한다.

- 목욕보다는 짧은 샤워를 한다.

- 태오처럼 음식물 낭비를 막기 위해 주변 사람들의 인식을 개선한다.

- 제철 과일을 사 먹는다. 겨울에는 토마토나 포도를 먹지 않고, 대신 사과나 귤 등을 먹는다.

- 남긴 음식을 버리지 않는다. 암탉에게 먹이로 주거나 퇴비로 사용한다.

- 플라스틱 컵 대신 텀블러를 사용한다.

아래 빈칸에 지구를 구하기 위해 실천할 나만의 아이디어를 적어보세요!

환경 슈퍼히어로 태오 2
암탉들을 구하라

초판 1쇄 인쇄 | 2023년 10월 10일
초판 1쇄 발행 | 2023년 10월 15일

글 | 안 마리 데스플라 뒥
그림 | 마틸드 조르주
옮긴이 | 이수진
펴낸이 | 조승식
펴낸곳 | 도서출판 북스힐
등록 | 1998년 7월 28일 제22-457호
주소 | 서울시 강북구 한천로 153길 17
전화 | 02-994-0071
팩스 | 02-994-0073
블로그 | blog.naver.com/booksgogo
이메일 | bookshill@bookshill.com

값 10,000원
ISBN 979-11-5971-519-8

* 잘못된 책은 구입하신 서점에서 교환해 드립니다.